AF375525

Demokratie in Bewegung

Joachim Tritschler

Herstellung und Verlag: BoD – Books on Demand, Norderstedt
ISBN-: 9783751906159

Bibliografische Information der Deutschen Nationalbibliothek:
Die Deutsche Nationalbibliothek verzeichnet diese Publikation in der Deutschen Nationalbibliografie;
Detaillierte bibliografische Daten sind im Internet über http://dnb.dnb.de abrufbar.

Demokratie in Bewegung

Joachim Tritschler

Books on Demand
Norderstedt

Inhaltsverzeichnis

Ist die Furcht vor Bürgerkrieg berechtigt?

Ist schon alles verloren?

Corona und Einfluss auf die Gesellschaft.

War der Shutdown zwingend notwendig?

Missbrauch für die Politik.

Die Demokratie mit Füßen treten.

Die Belohnung kommt im Alter.

Anzeichen für den Zustand einer Demokratie.

Wie beurteilt man eine Demokratie?

Sind Politiker lernfähig?

Eurobonds und die Gefahr für die Demokratie.

die grüne Macht?

Krisenmanagement und das Volk.

Weltwirtschaftskrise Staatsverschuldung und Liquidität.

Das Hamsterrad und seine Folgen.

Der Eintritt in die Diktatur.

Vorwort.

Demokratie ist dann, wenn man Sie lebt etwas Wunderbares. Nur kollidiert Sie sehr oft mit Machtinteressen einiger weniger. Die Veränderungen der letzten Jahrzehnte lassen den Begriff Demokratie und seine Bedeutung in einem anderen Licht erscheinen. Äußere Einflüsse wie Lobbyismus und persönliches Machtstreben einzelner Personen fügten der Demokratie in den letzten Jahrzehnten langsam aber stetig großen Schaden zu.

Die Macht ist nicht mehr in den Händen derer, die als Volksvertreter von den Menschen und Wählern im Lande bestimmt wurden. Es war

ein schleichender Übergang an die
großen Lobbyverbände und ihre
Vertreter in der Politik. Diese halten
nun die Zügel der Wirtschaft in
ihren Händen und bestimmen
allein unsere Politik. Und die
Demokratie leidet oder bleibt
langfristig ganz auf der Strecke.
Nicht wie in echter Demokratie
üblich bestimmt die Mehrheit des
Volkes, was zu tun ist. Durch die
veränderten Bedingungen
entscheiden alleine das Kapital und
die Lobbyvertreter, was getan wird.
Der Wähler spielt hierzulande keine
Rolle mehr.

Demokratie in Bewegung.

Was ist Demokratie? Diese Frage müssen wir uns in letzter Zeit immer öfter stellen. Begründet ist das im Verhalten unserer Politiker. Es ist immer schwieriger, um nicht zu sagen, beinahe unmöglich politische Entscheidungen nachzuvollziehen. Das zieht sich jetzt schon einige Jahre hin und die Entfremdung zwischen Politik und Bürgern ist so groß wie nie. Wir reden hier nicht mehr von leichten Spaltungen innerhalb der Gesellschaft. Die Gräben sind mittlerweile so tief, dass Konsens beinahe unmöglich ist.

Von außen betrachtet ist es nahezu unmöglich die Ursachen hierfür zu

erahnen oder zu begreifen.
Dennoch hat alles einen Grund.
Suchen müssen wir hierfür nicht
sehr lange. Ob beabsichtigt oder
nicht sei dahingestellt, aber
verursacht wurde dies allein durch
die von uns gewählten
Volksvertreter. Und es sieht
momentan nicht danach aus, dass
Einsicht und Besserung in der
aktuellen Lage bei Politikern dieses
Landes vorhanden ist. Zu tief ist
mittlerweile die Abhängigkeit der
Politik gegenüber den Mächtigen
und Industrie und Wirtschaft. Und
genau das fügt der Demokratie
weiteren Schaden zu. Diese
Abhängigkeit ist mittlerweile so weit
fortgeschritten, dass unser Politiker
schon als Marionetten des Kapitals
bezeichnet werden müssen.

Was ist geschehen?

Die Handlungen unserer Regierung
sind nicht darauf ausgerichtet dem
Wohl unseres Landes und seiner
Bürger zu dienen. Es ist vielmehr
der Fall, dass wir verraten und
verkauft wurden. Dieser Prozess ist
bei ‚Fortführung aktueller
politischer Entscheidungen auch
nicht mehr umkehrbar. Aber wie
konnte es soweit kommen?

Wie der Autor in seinem Buch
Diktatur des Kapitals bereits
ausführte, sind es enge
Verflechtungen mit den großen
Arbeitgebern und Investoren im
eigenen Land.
Unternehmerinteressen, die durch
ihre Lobbyvertreter durchgesetzt

werden, bestimmen das politische Geschehen. Deren Einfluss trägt entscheidend dazu bei wohin die Politik das Land und seine Bürger führt.

Machtanspruch ohne Wenn und Aber.

Betrachten wir die Geschehnisse innerhalb der Regierung seit dem Spätherbst des Jahres 2019 genauer so kommen wir zu dem Schluss, dass es in unserem Land beinahe täglich schlimmer wird. Über Inhalte seitens einzelner Parteien und ihrer Vertreter muss nicht mehr diskutiert werden. Die Parteien besitzen kein Parteiprogramm und somit auch keinerlei Inhalte mehr. Der Anspruch ist rein personenbezogen. Hierfür bedarf es keiner besonderen Qualifikation der einzelnen Bewerber.

Letztendlich sind Sie alle erfahrene Lobbyisten, welche ihre Klientel bei

politisch relevanten Entscheidungen bevorzugt behandelt wissen
möchten. Und hierfür gehen Sie
sprichwörtlich über Leichen. Und
diese sind dann immer die
Steuerzahler. Veränderungen in der
Politik gibt es nur über eine stetig
steigende Abgabenlast der
Steuerzahler. Wirklich sinnvolle
Argumente, um eventuelle Probleme
zu lösen, haben unsere Politiker
keine. Es muss lediglich durch
andauernde Umverteilung Geld von
einem aufgerissenen Loch ins
nächste gestopft werden.
Geradlinige Finanzplanung existiert
ebenfalls nicht.

Es gibt kein Haushaltsbudget, das
nicht wieder über den Haufen
geworfen wird. Steht erst einmal
der Gesamtetat, so wird er

inhaltlich über den Haufen geworfen. Lieber investiert man in Rüstung statt in Bildung. Bei diesem Beispiel erklärt sich das von selbst. Die Rüstung hat eine zahlungskräftige Lobby, die Bildung eher nicht.

Vertrauen und Glaubwürdigkeit

Wir beobachten bei den endlosen Personaldiskussionen der letzten Monate immer dasselbe. Es geht dabei lediglich um die Neubesetzung frei werdender Ämter. Wie wir im Frühjahr 2020 erfahren, bekommen auch ausgeschiedene Politiker neue Posten. Hauptsache die eigene Klientel ist versorgt. In diesem Beispiel ist es deutlich ersichtlich an der ehemaligen SPD Vorsitzenden Frau Nahles. Ob ihre Qualifikation an der für Sie vorgesehenen Stelle erforderlich ist, spielt hierbei keine Rolle. Und mit irgendwelchen für eine Demokratie unerlässlichen Vorgängen haben solche Mauscheleien auch nichts gemein. Und wenn wie hier in diesem Fall ein neuer Personalvorschlag im Raum steht, bekommen wir zu hören, dass der potenziell neue Amtsinhaber das Vertrauen von Fraktionen und Wählern genießt. Auch diese Aussage ist immer falsch. Dies zu begründen ist recht einfach. Vertrauen und Glaubwürdigkeit in der Politik sind untrennbar miteinander verbunden. Und das Vertrauen muss man sich hart erarbeiten. Das geht nicht von Heute auf Morgen. Es ist ein langsamer Prozess hervorgerufen durch im Amt erbrachte Leistung.

Dies kann Monate bzw. sogar Jahre andauern, je nachdem welches Amt man ausübt und in welcher Situation man dies angetreten hat.

Und aus diesem, dem Politiker entgegengebrachten Vertrauen wächst langsam die so oft missbrauchte Glaubwürdigkeit. Genießt man diese hart erarbeitete Glaubwürdigkeit, so ist es noch schwieriger, diese beständig aufrecht zu erhalten.

Schafft das ein Politiker, so hat er das erreicht, was nur sehr wenigen zuteilwird. Er genießt das Vertrauen seiner Wähler und ragt bei seinen Politkollegen aus der Masse heraus. Diese Politiker sind es, die eine Demokratie und ein ganzes Land positiv prägen. Unter und mit ihnen herrscht wahre Demokratie.

Klimapolitik neu definiert.

Wie wir seit einigen Monaten wissen ist das Klima ein wahlkampftaktisch relevantes Thema. Es interessiert uns alle, da wir ausnahmslos davon betroffen sind. Wichtig hier wären tiefgreifende Veränderungen, die der Umwelt und somit uns allen Nutzen bringen. Aktuell ist es aber eher so dass wie ansonsten auch der finanzielle Aspekt und der Verdienst einiger weniger im Vordergrund stehen.

Und die Umwelt schonende Vorschläge sind bisher eher Mangelware. Alles was die Politik in diesem Zusammenhang bisher auf die Beine gestellt hat, sind diverse

Steuererhöhungen. Es ist also wieder dasselbe Lied. Der Staat greift den Bürgern in den Geldbeutel, um seine eigenen Steuereinnahmen zu erhöhen. Natürlich bekommen diese zusätzlichen Abgaben einen mit Klima leicht zu verbindenden Namen. Aber Sinn und Verstand hat das Ganze nicht. Und Steuereinnahmen sind allgemein nicht dazu geeignet das Klima zu verbessern. Aber in Zeiten demokratischen Wandels ist dies auch nur von untergeordneter Bedeutung.

Da die umweltpolitische Debatte in aller Munde ist, macht das Thema auch in anderen Bereichen nicht halt. Selbst ernannte Politiker der neuen Klimafraktion fordern daher auch einen sogenannten Fleischcent beim Erwerb von tierischen Produkten. Dieser Cent, der selbstverständlich auch wieder in die Staatskasse fließen würde, hilft aktuell den Erzeugern genauso beim Überleben wie zusätzliche Steuern des Staates das Klima retten. Dabei soll sich bei der Fleischerzeugung etwas ändern, damit Bauern von ihren Erzeugnissen leben können. Nur über den Weg dahin streiten sich wie immer Politiker ohne Fachkompetenz, die nur ihre eigene Lobby im Auge haben.

Sinnvolle und umsetzbare Vorschläge in der Klimapolitik wurden seitens unserer Politiker, die gerne mitreden und auch mitregieren möchten, bisher nicht

gemacht. Genauer betrachtet geht
es hierbei auch nicht um die
Klimadebatte. Wichtig ist für diese
Politiker das eigene Auftreten in der
Öffentlichkeit. Nennen wir es
wahltaktische Maßnahmen, um die
eigene Person in Erinnerung zu
rufen. Aber seien wir beruhigt.
Dass es kaum um politische Inhalte
geht, ist während anderer Debatten, die nicht das Klima
betreffen genauso.

Der braune Mob ist angekommen.

Eine politische Partei mit eindeutigen Nazitendenzen treibt mittlerweile schon länger ihr Unwesen in Länderparlamenten als auch im Bundestag. Bisher wurden wir aber in den meisten Fällen etwas verschont. Das heißt, in diesem Zusammenhang, dass diese Partei zwar auf der Bildfläche ist, aber der Einfluss vernachlässigt werden darf. Die veränderte Stimmung im ganzen Land aber besonders in einigen Bundesländern gibt mittlerweile Anlass zu wirklicher Besorgnis. Die Anteile in den Landtagen steigen zusehends.

Der Hauptgrund scheint die Tatenlosigkeit der Bundespolitiker in unserer aktuellen Regierung zu sein. Diese begünstigt durch ihre Handlungsweise diesen Prozess nicht nur, sondern Sie fördert und beschleunigt diesen auch. Die aktuellen Entwicklungen in diesem Zusammenhang geben Grund zur Sorge, was die Zukunft unseres Landes und die noch vorhandene demokratische Grundordnung betrifft. Die Ansicht vieler Politiker Straftaten dieser extremen Szene härter zu bestrafen, um ihr beizukommen ist falsch. Statt härteren Strafen brauchen wir eine Politik für Land und Bürger. So entziehen wir dem Mob und seinen radikalen Anhängern die Existenzgrundlage.

Lobbyisten an die Macht.

Wie dies zu erwarten war, hat der Rücktritt dieser potenziellen nächsten Kanzlerkandidatin die Großunternehmen auf den Plan gerufen. Unser Cheflobbyist, Herr Merz der sich in Aufsichtsräten von Großunternehmen bestens auskennt, wird von der breiten Unternehmerschaft bedingungslos unterstützt. Das einzige was Ihnen zu ihrem Glück noch fehlt, ist ein ausgebildeter Lobbyist als Bundeskanzler. Alles andere wird dann zur Nebensache. Und was ist mit der Demokratie?

Ach was solls. Das ist doch nicht so wichtig, solange die Steuereinnahmen des Staates und der

Profit der Lobbyvertreter stetig steigen. Wer dies bezahlen muss, ist von untergeordneter Bedeutung. Diese Vorgehensweise ist ein weiterer Beleg dafür, dass es nur um die persönlichen Belange unserer Politiker geht. Allgemeinwohl ist zu einem fremden, nichtssagenden Begriff geworden. Nur durch die Stärkung des Lobbyismus ist die bedingungslose Herrschaft der breiten Arbeitgeberschaft über die Politik auch langfristig gesichert. Andere Möglichkeiten, wie der Abbau des Neoliberalismus, hätten eine gegenteilige Wirkung und würden die Großunternehmen schwächen. Nur dieser eingeschlagene Weg sichert den Machterhalt. Diese hier genannte Konstellation führt zusammen mit

der neoliberalen Politik auch weg
vom Nationalstaat.

Aber nur die gemeinsame
Förderung des föderalen Europa
der Bürokraten in Brüssel
zusammen mit der Macht im
eigenen Land, sichern langfristig
die Alleinherrschaft des großen
Arbeitgeberflügels im Land. Um
dies langfristig gegen alle
Widerstände abzusichern, bedarf es
aber der bereits erwähnten
Lobbyisten an Schlüsselpositionen
in der Politik. Einer dieser
Arbeitgebervertreter auf dem Sessel
des Bundeskanzlers wäre dafür wie
geschaffen, um das bereits
bestehende Machtvakuum zu
erhalten oder gar auszubauen. Nun
da es amtlich ist, dass unser
Cheflobbyist mit um den Posten des

Parteivorsitzenden kämpft, und
danach vielleicht noch Kanzler
werden möchte, ist klar, dass es
nur noch schlimmer kommen kann.
Ein so ausgefuchster Lobbyist wie
Herr Merz kommt sicher nicht
zurück in die Politik um dort an
leitender Stelle für den Wähler
Politik zu machen.

Die neuen Medien des Staatsfunks.

Diese Damen und Herren der Abteilung Öffentlichkeitsarbeit und Meinungsbildung sind über Jahrzehnte intensiv geschult und beherrschen ihr Metier. Die Berichterstattung wird hierbei dosiert in kleinen sich ständig wiederholenden Dosen publiziert. Hierfür werden Radio und Fernsehen gezielt genutzt. Moderatoren der hierfür etablierten Medien sind in ihrer Fragestellung und Berichterstattung besonders geschult. Details welche für das politische Wirken auf Regierungsebene nachteilig sein könnten werden verkürzt oder teilweise überhaupt nicht wiedergegeben. Diese Art der Berichterstattung bezieht sich auf innenpolitische Themen, aber auch außenpolitisch für uns relevante Berichterstattungen werden dabei berücksichtigt. Als Beispiel um dies zu belegen nehmen wir die Berichterstattung der Medien der BRD und vergleichen diese mit internationaler Berichterstattung beim Thema Gelbwesten in Frankreich.

Die Berichte darüber werden hier in Deutschland teilweise weggelassen oder anders dargestellt. Um die demokratische Grundordnung aus der Sicht unserer Politik zu erhalten, ist diese Medienberichterstattung notwendig. Wir bekommen einfach nur noch das zu lesen oder zu

hören was für die Politik wichtig
und auch für uns bestimmt ist.
Abweichungen davon sorgen für
eine die Politik hinterfragende
Gesellschaft. Eine solche
Wählerschaft ist aber unerwünscht.

Haben die Parteien Personalnot?

Bei dem Geschacher in großen
Parteien wie aktuell in der CDU
hilft nur noch Kopfschütteln.
Obwohl die nächste Bundestagswahl noch sehr lange auf sich
warten lässt, werden jetzt schon die
Posten verteilt. Die Diskussion wer
denn nun der neue Vorsitzende
werden soll, ist voll im Gange. Und
dass dieser dann auch der nächste
Kanzlerkandidat wird, steht für
viele Mitglieder der CDU bereits
fest.

Inhaltlich hat sich parteiintern zwar
nichts zum Besseren gedreht, aber
so etwas scheint in der Politik
heutzutage ja auch unwichtig. Es
wird davon ausgegangen, dass man

auch in der kommenden Regierung nach den Wahlen im Jahr 2021 wieder den Kanzler stellen wird. Andere Überlegungen werden seitens dieser Partei einfach beiseitegeschoben. Die Arroganz und Überheblichkeit der einzelnen Parteiorgane und ihrer Vertreter ist so groß wie niemals zuvor. Beinahe täglich kommen neue Namen als mögliche Kandidaten für eine Nachfolge auf dem Chefsessel der Partei ins Gespräch.

Aktuellen Medienberichten im April 2020 zufolge steht es außer Frage, wer die nächste Regierungsmehrheit nach der kommenden Bundestagswahl hat. Die CDU sieht sich bereits jetzt als Wahlsieger und meint, dass Sie auch dann den Kanzler wieder stellen wird. Wer dann dieses Amt bekommt, steht noch nicht fest. Parteiintern wird noch darüber verhandelt. Es muss jedenfalls alles dafür getan werden, das bestehende Machtvakuum nicht nur zu erhalten, sondern wenn möglich noch zu stärken. Eine Politik weg vom Arbeitgeberflügel hin zum Bürger im Sinne der demokratischen Grundordnung würde die eigene Macht erschüttern. Und schließlich geht es nur darum.

Außenpolitik aber sonst nichts

Betrachten wir unsere derzeit noch amtierende Kanzlerin und ihre Minister genauer, dann stellen wir fest, dass internationale Beziehungen auf allen Ebenen durchaus gepflegt werden. Wir verteilen global das Geld mit beiden Händen, und zwar denen die es brauchen genauso wie den anderen die es nicht nötig haben. Hauptsache wir haben es ausgegeben. Hierbei unterstützen wir Despoten gleichfalls wie arme Nationen, die unserer Unterstützung bedürfen.

Nur wie sieht es innenpolitisch aus? Da ist es eher beschaulich, wenn man das so nennen darf. Es

wird jede neue Baustelle an-
gefangen aber nichts wirklich zu
Ende gebracht. Und das ist einfach
erklärt. Bei Diätenerhöhungen und
Senkung von Unternehmenssteuern
ist man sich sehr schnell einig. Dies
entlastet ja keine Steuerzahler.
Aber Themen wie Grundrente,
Rentenniveau oder eine
konsequente Überarbeitung der
Einkommensteuergesetzgebung
sind kaum möglich. All das würde
den Steuerzahler entlasten. Das ist
aber mangels Masse in den
Steuerkassen nicht finanzierbar. An
diesem Punkt kommen wir wieder
auf die Demokratie zu sprechen.
Aber dazu mehr im folgenden
Kapitel.

Das Land in Schieflage.

Oder sollen wir sagen, kurz vor dem Zusammenbruch? Ganz so schlimm ist es momentan noch nicht. Aber die Bewegung in unserer Demokratie lässt nichts Gutes erahnen. Die angesprochene Schieflage kam ja nicht ganz plötzlich. Es ist ein seit mehreren Jahren im Gang befindlicher Prozess, der kaum mehr aufzuhalten ist. Hervorgerufen durch zahlreiche inkompetente Minister in enger Zusammenarbeit mit Lobbyisten und ihren Vertretern des Kapitals wurden neue Gegebenheiten geschaffen.

Die Gesetzgebung und die Formulierungen einzelner Gesetzestexte wurden von Staatssekretären in Zusammenarbeit mit Wirtschaftsvertretern neu definiert. Gesetze werden unternehmerfreundlich verfasst und verabschiedet. Diese Entlastungen der Arbeitgeberseite kosten Gelder aus der Staatskasse. Und diese Summen müssen wieder rein oder an anderer Stelle eingespart werden. Diese Einsparungen bei den Steuerzahlern sorgen aber für eine noch größere Schieflage im Land. An dieser Stelle bringen wir ein Beispiel aus der Wirtschaft. Wir nennen ein beliebiges Unternehmen, dessen Umsatzzahlen, aus welchen Gründen auch immer rückläufig sind. Der Unternehmer erhöht daraufhin die Preise, um den Umsatzverlust abzufedern.

Kurzfristig glaubt er, sein Ziel zu erreichen, und danach sinken die Umsatzzahlen wieder, was eine erneute Preissteigerung zur Folge hat. Dieser Kreislauf führt in der Wirtschaft über kurz oder lang zur Insolvenz eines Unternehmens. Für die Rettung schlecht wirtschaftender Unternehmen steht aber immer Geld aus der Staatskasse bereit. Die Kluft zwischen Arm und Reich im Land wird immer größer. Und da weder Vertrauen noch Glaubwürdigkeit im Land herrschen, wenn wir uns die Politik ansehen, wird es daher auch immer schlimmer. Das vorab schon angesprochene braune Nazigesindel bekommt immer mehr Aufwind. Diese Stimmenanteile kann man

nicht mehr mit Protestwählern
entschuldigen.

Die Stimmung im Land ist
endgültig gekippt. Dank unserer
Politik ist eine Verdrossenheit, die
man noch vor einigen Jahren
kannte, dem Hang zu extremem
Gedankengut gewichen. Ehemals
als bürgerlich anerkannte Parteien
gibt es nicht mehr. Ihre
Parteinamen sind nur noch eine
leere, nichtssagende Hülle ohne
jeden Inhalt. Deren Vertreter sind
Sprechblasen längst vergangener
Zeiten, deren Ansichten Sie ohne
Unterlass weiter vertreten möchten.

Die Politik aber wurde von der Zeit
nicht nur eingeholt, sondern von
ihr und der aktuell jungen
Generation überholt. Nur möchte

das unsere Politik nicht
wahrhaben. Einsicht bei Fehlern,
die Sie gemacht hat, ist nicht ihre
Stärke.

Wenn überhaupt nach Fehlern
gesucht wird, dann niemals in den
eigenen Reihen. Entweder ist der
Koalitionspartner oder der
Steuerzahler schuld, wenn etwas
schiefgeht.

Die jungen Leute tun was.

Neue Gruppierungen wie Fridays
for Future und Klimabewegungen
bestimmen das Tagesgeschehen.
Die Generation unserer aktiven
Politiker ist komplett überfordert.
Sie kommen mit der neuen
Situation nicht klar, dass die
Jugend aufmuckt, und sich nicht
länger vertrösten lässt. Diese junge
Generation ist aktiv, will und wird
etwas bewegen. Nur globales
Handeln, und gegenseitige
Unterstützung bringt uns weiter.
Die Zeiten der Politik wie noch vor
dreißig Jahren ist für immer vorbei.
Nur hat die Politik dies noch nicht
realisiert.

Die durch eine nachkommende
junge Generation gestellten
Forderungen sind mehr als
notwendig und daher sehr wichtig.

Es kann nicht wie bisher alles auf
Basis von politischen Absichtserklärungen vor sich hergeschoben
werden. Handlungsbedarf ist jetzt
und sofort. Wie schnell und in
welchem Ausmaß Veränderungen
zum Guten eintreten werden, hängt
daher von zwei Dingen ab.
Einerseits ist es die Hartnäckigkeit
der jungen, nachwachsenden
Generation und andererseits ist es
die Merkfähigkeit der politischen
Betonköpfe. Daher sei in diesem
Zusammenhang nochmals auf das
Buch Diktatur des Kapitals
hingewiesen. Es fordert unter

anderem eine Altersbeschränkung von Politikern in Ministerämtern.

Grundlage für diese Forderung ist der derzeitige Zustand verschiedener Minister, die vom eigenen Altersstarrsinn im selbst geschaffenen Tunnel beherrscht werden. Beispiele hierfür genug. Herausragend hierbei ist unser derzeitiger Innenminister Herr Seehofer. Wenn wir sein Wirken in den letzten Jahren genau und differenziert betrachten, kommen wir kurz gefasst zu einem eindeutigen Ergebnis. Er hat einfach den Zeitpunkt verpasst, an dem er sich aus der Politik hätte zurückziehen sollen. Aber seien wir auch hier beruhigt. Er ist nur eines dieser Beispiele.

Wählen bis uns das Ergebnis passt.

Das System freie Wahlen abzuhalten ist Teil der Demokratie und eines der wichtigsten Instrumente auf die politische Richtung Einfluss zu nehmen. Es ist dabei vollkommen unerheblich wer oder was zur Wahl steht.

Wir sollten glauben, dass dieses System immer funktioniert. Uns allen ist bekannt, dass Wahlen nicht immer so ausgehen, wie wir das selbst gerne hätten. Aber das ist eben Demokratie und die freie Entscheidung einer Mehrheit von Wählern für einen bestimmten Kandidaten. Dieses System wie wir es alle kennen wird wohl gerade überarbeitet. Bei der Wahl eines

Ministerpräsidenten in einem
unserer Bundesländer war man
wohl seitens führender Politiker
nicht damit einverstanden, wie eine
solche Mehrheit zustande kam.
Sicher waren alle zur Stimmabgabe
berechtigt, aber es wäre auf
Stimmen einer bestimmten
politischen Fraktion gerne
verzichtet worden. Letztendlich war
diese Tatsache ausschlaggebend,
dass seitens leitender
Politiker/innen harter Druck gegen
das Wahlergebnis und dessen
Anerkennung ausgeübt wurde.

Und das alles nur deswegen, weil
unsere Kanzlerin Angela Merkel mit
dem Wahlergebnis nicht
einverstanden war. Ihr Veto, das im
Wahlrecht gar nicht vorgesehen ist,
führte zur Neuwahl eines

Ministerpräsidenten. Es erforderte
dann schließlich die Suche neuer
Kandidaten, und der gerade
gewählte Politiker trat zurück.

Dass durch solchen Einfluss
Neuwahlen erforderlich werden ist
eine Bankrotterklärung an die
Demokratie. Wie gesagt, freie
Wahlen bedeuten nicht, dass uns
das Wahlergebnis gefallen muss.
Aber wer auch immer durch welche
Stimmen gewählt wurde, ist dann
auch ein rechtmäßiger Wahlsieger.
Wenn solche Dinge Schule machen,
ist das Ende jeder demokratischen
Grundordnung nicht mehr fern.

Corona und Demokratie.

Was hat ein Virus mit Demokratie zu tun. Man möchte glauben rein gar nichts. Aber ist dem tatsächlich so. Beobachten wir das Verhalten der Medien und unserer Politiker genauer, dann gibt es wohl Zusammenhänge. Dieses globale Problem der Pandemie äußert sich einzelnen Ländern höchst unterschiedlich. Aber die Berichterstattungen sind länderübergreifend identisch, und so wie es aussieht nicht immer unbedingt wahrheitsgetreu. Hierbei nehmen wir Italien einmal genauer unter die Lupe.

Schließlich sieht es dort wohl schlimmer aus als in allen angrenzenden Staaten Europas.

Nur woran liegt, dies möchte man
gerne wissen. Bei der Berichterstattung, die in direktem
Zusammenhang mit demokra-
tischem Handeln steht, wird sehr
gerne unterschlagen, was die
wahren Gründe für den Horror in
Italien sind. Es werden als Gründe
ausschließlich die unterschätzte
Gefahr und schwaches handeln
dagegen genannt. Dies mag anfangs
wohl so gewesen sein, aber das sind
nicht die wahren Gründe. Italien
selbst liegt bei der Bevölkerung in
einem hohen Altersdurchschnitt.
Und genau diese Menschen fallen
in die Risikogruppe für eine
mögliche Ansteckung mit dem
Virus. Und so ist auch die hohe
Anzahl der Todesfälle in Italien zu
erklären. Es beinahe ausschließlich
alte Menschen aus den genannten

Risikogruppen mit in großen Teilen
Vorerkrankungen, die eine
Ansteckung begünstigen.

Hier zeigt sich wieder einmal, dass
künstlich verstärkte Panik seitens
der Politik und Medien dazu
dienen, den Bürger auch in aktuell
schweren Zeiten brav am Zügel zu
führen. Es wird hier verdeutlicht,
dass jede Gelegenheit den Bürger
folgsam zu machen, schamlos
ausgenutzt wird. Treue Schafe
müssen wir sein. Mit
demokratischem Vorgehen hat
diese Art der Bevormundung nicht
im Entferntesten zu tun.

Machterhalt um jeden Preis.

Nehmen wir die aktuellen
Geschehnisse des Bundeslandes
Thüringen und der Debatten um
den künftigen politischen Weg aus
personeller Sicht zeigen deutlich,
wie zerrissen die CDU ist. Was
letztendlich dabei herauskommt, ist
scheinbar zweitrangig, solange das
eigene Machtpotenzial gesichert ist.
Und dabei ist den Damen und
Herren dieser Partei das eigene
Hemd immer näher als der
politische Wille etwas zu bewegen.
Und der kleine Mann zuhause
bezahlt die Zeche.

Es ist nicht nur für dieses
Bundesland ein eindeutiges
Zeichen der aktuellen Lage. Es zeigt

die Handlungsunfähigkeit etwas positives im Land für die Menschen zu erreichen. Nur der persönliche Vorteil ist wichtig. Die Plünderer des Bundestages sind wieder am Werk. Aktuell sieht man dies an erneut beschlossenen Erhöhungen der Abgeordnetendiäten, die reibungslos durchgewunken werden. Nur der Griff im selbst geschaffenen Selbstbedienungsladen, und die damit verbundene Plünderei der Staatskasse zulasten der Steuerzahler funktioniert reibungslos. Es ist zwar offensichtlich, dass das aktuell praktizierte politische System längst überholt ist, und ausgedient hat, aber die betriebsblinden Politiker unserer Regierung können und wollen das nicht wahrhaben.

Ihre Plünderei zulasten des Staates
und der Steuerzahler muss ein
Ende finden.

Aus freien Stücken werden unsere
Politiker dies aber nicht machen.
Es ist nicht zu erwarten, dass
Politiker den selbst geschaffenen
Selbstbedienungsladen zum Wohle
der Bürger des ganzen Landes nicht
mehr plündern.

Der Einfluss der Medien.

Es ist immer wieder dasselbe. Die gleichen Medien, welche einen Politiker unterstützen, machen diese/n kurz darauf dann nieder. Nehmen wir die aktuelle Situation Ende Februar 2020 in der CDU. Nach bedingungslosem Rückhalt für Frau Merkel nun so etwas. Nach der Bekanntgabe des Rückzugs von Frau Merkel durch Frau Krampp-Karrenbauer heißt es, dass Frau Merkel wohl nun selbst begreift, dass Sie selbst zurücktreten sollte. Und hier muss der Frau Merkel Rückendeckung gegeben werden. Es ist eine bodenlose Frechheit, ihr so etwas zu unterstellen.

Was Frau Merkel begreift oder auch nicht ist ihre Privatsache. Schließlich hat Sie ebenfalls selbst begriffen und entschieden, wann eine Wahl korrigiert, beziehungsweise wiederholt werden muss. Wahlrechtliche Bedenken unterschlagen wir in diesem Zusammenhang einfach und lassen es geschehen. Ob und in welcher Weise die Medienberichterstattung Einfluss auf die Demokratie oder Meinungsbildung nimmt, lassen wir hier offen. Es ist jedenfalls mehr als bedenklich wie oft die Medienberichterstatter zu ein und denselben Themen gegensätzliche Meinungen vertreten, nur um der Regierung zu gefallen. Diese Technik der Medien scheint mehr als nur vorgeben. Sie soll die Konsumenten der Medien

einschläfern und durch ständige
Wiederholungen versucht, man
alles glaubhaft zu machen. So
erzieht man treue Schafe, die alles,
was durch Medien und Politik
verlautbart wird, unkommentiert
und widerspruchslos hinnehmen.
Und man hält somit auch
potenzielle Wähler bei der Stange.

Terror von links oder rechts.

Jüngste Geschehnisse brutaler Gewaltakte lassen die Politik scheinbar aufhorchen und reagieren. Aber eben nur scheinbar. Es wird die Spaltung des Landes angeprangert und man will diejenigen, welche brutale Attentate verüben, allein für den momentanen gesellschaftlichen Zustand verantwortlich machen. Sicher ist der gesellschaftliche Wandel zum Nachteil von uns allen überall sichtbar. Aber so einfach zu erklären ist das nicht. Angeprangert wird alles und jeder vonseiten der Politik, der nicht im vorgegebenen Kielwasser der öffentlichen Meinung mitschwimmt.

Diese Geschehnisse dienen einzig und allein dazu, von aktuellen Problemen im Land abzulenken. Und dafür sind diese Geschehnisse sehr geeignet. Sicher sind solche Attentate sehr grausam und verabscheuungswürdig. Aber wo liegt der Grund für diese immer häufiger auftretenden brutalen Übergriffe? Einsicht seitens unserer Politik gibt es nicht. Und diese wäre durchaus angebracht. Schließlich hat die Vernachlässigung der Bevölkerung die Saat des braunen Gedankengutes erst keimen lassen. Dass diese letztendlich so aufgegangen ist, muss man allein unseren Politikern zuschreiben. Und wir alle dürfen nicht glauben, dass das wie so gerne zitiert nur Einzelfälle sind.

Über dieses Stadium sind wir lange
hinaus. Der Terror hat sich
organisiert, auch wenn man immer
wieder von Einzeltätern spricht.
Das, was wir heute haben, ist eine
Vorstufe. Und zwar eine im Aufbau
befindliche Vorstufe in Richtung
Bürgerkrieg. Und alleine unsere
gewählten Volksvertreter tragen
hierfür die Schuld.

Eine neue Pest überflutet uns.

Oder wie sollen wir es nennen. Wir schreiben das Jahr 2020 und sind noch relativ am Anfang. Zwei große Themen beherrschen die Medien. Sind es auch wirklich zwei wichtige Themen? In den letzten Monaten beherrschte das Thema Klimawandel uns tagein tagaus. Aber eben nur, um von wirklich wichtigen Problemen im Land weiterhin abzulenken. Nun haben wir ein Neues.

Es ist das allzeit debattierte und in den Vordergrund gerückte Corona Virus. Was aber ist nun wichtiger. Betrachten wir die Medienlandschaft differenziert und genauer so wird der Unterschied

sofort klar. Die Veränderungen des
Klimas rufen langfristige Folgen
hervor. Diese aber schmälern den
Geldbeutel der Reichen und
Mächtigen nicht sofort, sondern
irgendwann in der Zukunft.

Bei Corona ist das anders. Der
Corona Virus hat direkten Einfluss
auf die Weltwirtschaft und das
künstlich gehandelte Kapital am
Aktienmarkt. Das aber hat direkten
Einfluss auf den Profit von
Großaktionären, potenziellen
Anlegern und derer, die momentan
die Zügel der Weltwirtschaft in den
Händen halten. Daher ist es klar
ersichtlich, was in der Medienberichterstattung vorrangig
behandelt wird. Wie in allen
anderen Bereichen aus Politik und
Wirtschaft geht es zuerst immer um

den Profit. Die Suche nach
passenden Arzneimitteln gegen
Corona findet notgedrungen am
Rande einen Platz in den
Nachrichten.

Daher nennen wir diese neue Pest
die Gier, welche alles beherrscht.
Und diese Gier ist Teil der Form von
Kapitalismus, welche gerade
mithilft unsere Demokratie an die
Wand zu fahren.

Ist die Furcht vor Bürgerkrieg berechtigt?

Wie bereits erwähnt ist dies die Vorstufe von Bürgerkrieg. Und ja, diese Angst ist durchaus berechtigt und keine Fiktion. Der Vorgang dauert nun schon mehr als 20 Jahre. Es begann schon früher, wurde aber mit Einführung der neoliberalen Politik und dem Sozialabbau immer stärker. Dies sind die tragenden Pfeiler der neuen radikalen und auch braunen Saat, die in unserem Land aufgegangen ist.

Die politischen Veränderungen dahin wo nur das Geld, und der persönliche Vorteil einiger weniger das bestimmt, was die Bevölkerung

zu ertragen hat, gaben den
Ausschlag. Der Begriff Wir ist in
diesem Land nicht mehrgeläufig,
sondern einzig der persönliche
Vorteil zählt.

Das Fass beginnt gerade
überzulaufen und einige wenige
radikale Kräfte beginnen sich mit
Gewalt zu wehren. Auf diese Weise,
weil Sie nichts anders kennen oder
können. Die Mehrheit der
Menschen hält zwar noch die Füße
still aber das auch nur scheinbar.
Aus rein militärischer Sicht muss
man sagen, dass die Lunte bereits
brennt und das Feuer nur noch
schwer gelöscht werden kann. Die
Demokratie hat nicht nur extremen
Schaden genommen. Das was wir
heute in unserem Land haben,
kann und darf nicht mehr als
Demokratie bezeichnet werden. In

einer Demokratie werden Entscheidungen im Sinne der Mehrheit der Bevölkerung getroffen. Das ist hier in unserem Land schon lange nicht mehr der Fall. Einzig und allein die Eliten des Kapitals bestimmen die Regeln des Staates. Und Sie prägen auch die Form und den Inhalt der Gesetzgebung. Alles was geschieht, wird mit ihrem Einverständnis verabschiedet. Entscheidungen gegen das Kapital und einmal für die Bevölkerung werden keine mehr getroffen. Und genau das ist der Beginn einer Diktatur. Und Menschen, die in Freiheit aufgewachsen sind, lassen sich diese nicht mehr nehmen. Und genau das kann oder wird letztendlich der Auslöser für bürgerkriegsähnliche Zustände sein.

Ist schon alles verloren?

Definitiv nein. Denn Corona bewirkt auch Gutes.

Wie wir in den letzten Jahren leider beobachten mussten, sind unser Land und seine Bevölkerung zutiefst gespalten. Die Ursache hierfür ist klar. Die Spaltung ist einzig und allein auf qualitativ mangelhafte Politik unserer Regierung zurückzuführen. Sie hat es geschafft, beinahe alles was ihre Vorgänger vergangener Regierungsperioden mühsam erschaffen haben in wenigen Jahren vollends zu zerstören. Der Sozialabbau gepaart mit der fortschreitenden Ungleichbehandlung war sicher ein Hauptgrund hierfür.

Aber mit dem Corona – Virus hat
sich vieles im Land zum Guten
verändert. Der Egoismus scheint
wie weggeblasen. Eine noch nie da
gewesene Form von Hilfsbereitschaft tritt zutage und es scheint so
als hätten wir noch nicht vollends
verlernt gemeinsam zu handeln und
zu helfen. Dies ist aber kein
länderspezifisches Phänomen,
sondern die gegenseitige
Rücksichtnahme hat globale
Ausmaße angenommen. Dort wo es
sonst nur Zwist und Zwietracht
gab, findet man in dieser Krise
grenzenlose Hilfsbereitschaft.

Es ist also doch nicht alles verloren.
Aber beobachten wir das genauer.
Ob dies eine kurze Episode von
Hilfsbereitschaft und
Zusammenhalt ist, werden wir nach

dieser Krise erfahren, sobald Sie überstanden ist. Danach ist kein Versteckspiel der Politik mehr möglich. Fallen alle in ihre bisherigen Verhaltensmuster zurück, kann die Politik potenzielle Schuldige nicht woanders suchen, sondern muss sich selbst an der Nase fassen. Bisher war Selbstkritik nicht das, was Politiker ausgezeichnet hat. Ob Sie dazu Willens oder in der Lage ist, wird sich dann zu gegebener Zeit herausstellen. Veränderungen innerhalb der Gesellschaft sollten ja Einfluss auf die Politik haben. Sollte das nicht so sein und unsere Politiker wurschteln weiter wie bisher, dann lässt das auch direkte Rückschlüsse auf den aktuellen Zustand der Demokratie zu.

Corona und Einfluss auf die Gesellschaft.

Die momentan zu beobachtenden Veränderungen innerhalb der Gesellschaft sind ganz neu und sehr ungewohnt. In den letzten Jahren haben wir das Land als zutiefst gespalten erlebt. Egoismus und der persönliche Vorteil waren immer und überall führend. Nun erleben wir die Menschen von einer nie gekannten Seite. Gegenseitige Rücksichtnahme und Hilfsbereitschaft stehen an erster Stelle.

Dies ist nicht nur sehr ungewöhnlich, sondern auch neu. Dies ist ein Alltagsbild, das wir bisher nicht kannten. Auch längere

Wartezeiten beim einkaufen werden ohne zu murren in Kauf genommen. Die Leute sind immer gut gelaunt und zuvorkommend. Das sind alles Dinge, die wir im bisherigen Alltag vermisst haben. Ist dies nun eine Veränderung, die nach dieser Krise anhalten wird, oder eher eine vorübergehende Erscheinung. Da der Mensch in normalen Zeiten eher zu Selbstsucht und Egoismus neigt, darf bezweifelt werden, dass die gegenseitige Rücksichtnahme von Dauer sein wird.

Wenn nicht wäre es ein Neuer Weg in eine neue Form des Zusammen-Lebens und auch eine Chance für die Festigung der Demokratie. Was daraus wird, kann aber nur die Zukunft zeigen.

War der Shutdown zwingend notwendig?

Die aktuelle Lage bestätigt momentan nur, dass die Politiker hierzulande nicht von 12 bis Mittag denken können oder wollen. Um das im Detail zu erfassen müssen wir etwas zurückdenken. Fragen wir uns also, ob die Politik in der Vergangenheit aus ihren gemachten Fehlern gelernt hat. Es ist dabei nicht wichtig, welche Parteien dabei die Regierung bildeten. Diese vorab gestellte Frage können wir nach reiflicher Überlegung definitiv mit nein beantworten. Und so ist dies auch während der Corona – Krise. Betrachten wir die aktuellen Geschehnisse genauer so wären regionale Einschränkungen sinnvoller gewesen. Diese hätten uns die Möglichkeit gegeben auf hohe Infektionszahlen in bestimmten Landkreisen gezielt einzugehen. Und eine generelle Maskenpflicht von Anfang an wäre dann auch sinnvoll gewesen. Ein möglicher Shutdown, wie ihn die Regierung als Allererstes praktiziert hat, wäre uns womöglich nicht nur erspart geblieben, sondern vielleicht auch überflüssig geworden. Der wirtschaftliche Schaden hätte sich auf ein Minimum begrenzt, und möglicherweise wären wir alle mit einem blauen Auge davongekommen.

Aber nein, unsere Damen und Herren der Fachabteilung Inkompetenz in der Politik berät sich mit ihren externen Ratgebern und fährt die Wirtschaft mit voller Wucht an die Wand. Dummes Geschwätz hochrangiger Politiker, dass uns diese Pandemie keine Arbeitsplätze kostet, stellt sich natürlich als falsch heraus. Und es sind immer wieder dieselben Fachkräfte in Ministerämtern, die uns irgendetwas erzählen, was sich im nach hinein als falsch oder nicht bis zu Ende gedacht herausstellt. Und genau dieses Verhalten, das sich fortlaufend seit Jahren wiederholt, stellt die Demokratie auf harte Proben, und fügt ihr immer wieder Schaden zu. Erschwerend kommt nach neuesten Erkenntnissen hinzu, dass unsere Politiker von diesem Corona Virus seit dem Jahr 2012 Kenntnis haben. Dort hat die WHO bereits darauf hingewiesen wie das

Zeitungsartikel aus dem Jahr 2013
belegen. Also hat uns die eigene
Regierung auch in diesem Fall über
Jahre betrogen und hat nichts
getan, obwohl Sie davon wusste.

Missbrauch für die Politik

Die Pandemie ist in vollem Gange und schon mehren sich die Stimmen, dass die im Zusammenhang mit Corona verhängten Einschränkungen ausgenutzt werden. Skeptiker sehen darin die Möglichkeit, für den Staat die Überwachung und zahlreiche andere Machtinstrumente zu etablieren. Dass die Demokratie dadurch nachhaltig geschädigt werden würde, wird bereits jetzt offen ausgesprochen. Und dass dies kein Zufall, sondern eher beabsichtigt ist. Es würden hierdurch unsere Grundrechte beschnitten und sogar abgebaut.

Betrachten wir die Politik der
vergangenen Jahre, so ist diese
Sorge nicht unbegründet.

Wie sich die Menschen im Lande
hierbei verhalten werden, steht
noch außer Frage. Oder vielleicht
auch nicht.

Die Demokratie mit Füßen treten.

Beobachten wir die aktuelle Lage. Aufgrund der Corona Krise stehen viele Menschen am existenziellen Abgrund, weil niemand weiß wie es mit ihrem Arbeitgeber weitergeht. Weitreichende Staatshilfen finanziert durch Schulden wurden diesbezüglich beschlossen. Daher muss überall gespart werden, um diese neuen Bürden langfristig tragen zu können. Politiker sollten gerade in schwierigen Zeiten eine Vorbildfunktion wahrnehmen. Aber was machen unsere Politiker in solchen Zeiten? Sie beschließen eine erneute Diätenerhöhung und gönnen sich einen persönlichen Vorteil.

Weil ein Kontrollorgan gegen Selbstbereicherung gibt es ja nicht. Ob sich unsere Politiker noch mit dem Volk solidarisch zeigen werden, um dieses eine Mal eine Diätenerhöhung auszusetzen, weiß man derzeit nicht. In solchen Zeiten erkennt man hier sehr schnell, in welche Richtung sich unsere Demokratie bewegt.

Gut ist es dann, wenn sich eine Demokratie weiterentwickelt und Gleichberechtigung, sowie sozialer Zusammenhalt wachsen. Das, was unsere Volksvertreter derzeit machen, ist eher das Gegenteil. Sie treten die Demokratie mit Füßen und legen ein menschenver-achtendes Verhalten an den Tag. Es scheint wirklich so, als tut unsere Politik alles um sich selbst zu bereichern und den Bürger bei jeder Gelegenheit zu bestrafen. Aus den den Fehlern der vergangenen Jahre wurde scheinbar überhaupt nichts gelernt. Und wir können nicht mehr unterscheiden, ob dies mutwillig geschieht, oder die Ursache schlicht in Unvermögen und Dummheit unserer Politiker zu suchen ist.

Betrachten wir Menschen im Land die Entwicklung genauer, so müssen wir glauben, dass es eine Mischung aus beidem ist. Allerdings ist es wohl in der Hauptsache Inkompetenz und Ignoranz unserer Politiker. Es mag hart sein, aber andere Rückschlüsse lässt das Verhalten dieser Damen und Herren kaum mehr zu. Aber in kleinen Teilen tragen wir an diesem Zustand auch eine Mitschuld. Der Raubbau an der Demokratie wurde ja nur deswegen in diesem Ausmaß möglich, weil wir der Politik diese Handlungsvollmachten gegeben haben.

Ohne jedes Kontrollorgan werden Gesetze und der daraus resultierenden Möglichkeiten so geschaffen, dass die moderne Plünderei der Staatskassen erst ermöglicht wurde.

Die Belohnung kommt im Alter.

Bisher ist ja das Rentenniveau bis zum Jahr 2025 festgeschrieben. Da dies unseren sparsamen Regierungen nicht reichen wird, haben diese bereits vorausgeplant. In weiser Voraussicht wurde die Anpassung der sogenannten Ostrente der ehemals neuen Bundesländer auf das Westniveau so geplant, dass diese im Jahr 2024 abgeschlossen ist.

Da versicherungsfremde Leistungen ein fester plündernder Bestandteil aus der Rentenkasse sind, wird es daher eng für den Staat wenn die Menschen nicht mehr so früh sterben wie in vergangenen Jahrhunderten. Durch die gestiegene Lebenserwartung hat der Staat auch hier kein Einsparungspotential mehr, und muss das Geld aus der Rentenkasse an anderer Stelle einsparen. Zu diesen Stellen gehören unter anderem ein herabgesetztes Rentenniveau, eine längere Lebensarbeitszeit. Derzeit geht diesbezüglich der Begriff biologische Lösung durch die Medien. Diese biologische Lösung tritt ab dem Jahr 2030 in Kraft. Unser derzeitiger Gesundheitsminister Spahn will erreichen, dass das Renteneintrittsalter ab dort weiter ansteigt. Wenn man nach dem Berufsleben aufgrund des fortgeschrittenen Alters bald stirbt, dann spart der Staat wieder. Als demokratisch kann und darf man diese

Vorgehensweise sicher nicht bezeichnen. Aber was weiß unsere derzeitige Regierung schon über Demokratie. Zumindest nicht viel, denn gar nichts wäre vielleicht zu hart ausgedrückt. Demokratieverständnis haben die Damen und Herren Politiker jedenfalls nicht. Diesen Beweis, dass Sie dies doch besitzen, sind Sie bisher schuldig geblieben.

Es ist irgendwo schon traurig, wenn unsere gewählten Volksvertreter nichts anderes tun, als sich selbst einen persönlichen Vorteil zu verschaffen, wo immer das auch geht. Und der Steuerzahler welcher sein ganzes Leben lang geschuftet hat, steht beim Eintritt in den Ruhestand vor den Scherben seiner wirtschaftlichen Existenz.

Anzeichen für den Zustand einer Demokratie

Den Zustand einer Demokratie kann man sehr gut beurteilen. Es gibt da eindeutige Anzeichen. In einer Demokratie gilt normalerweise immer das Mehrheitsprinzip. Es gibt freie Wahlen und wer kandidieren möchte, um eine bestimmte politische Partei zu vertreten, der darf das auch. Bestimmte Qualifikationen, um politisch tätig sein zu dürfen, sind nicht notwendig oder zwingend erforderlich. Daher übt Politik auf viele Menschen einen großen Reiz aus.

Wenn man es schafft gewählt zu werden, dann ist ein gesichertes

Einkommen auch ohne wirklich erbrachte Leistung durchaus möglich. Ein sehr guter Indikator für den Zustand einer Demokratie ist die Presse. Dabei müssen wir beobachten, ob Sie frei und ohne Zwang arbeiten kann und darf. Ist dies nicht der Fall, dann ist es keine Demokratie. Es gibt aber auch andere Anhaltspunkte. Wie ist das in der neuen und modernen Zeit mit den digitalen und sozialen Medien.

Die Berichterstattung ist sehr vielfältig und man muss seine Augen und Ohren überall haben. Gerade in sehr schwierigen Zeiten wie in der aktuellen Corona Krise ist eine stabile oder in Schieflage befindliche Demokratie sehr gut erkennbar.

Wenn Medienberichterstattung in
dieser Zeit, einseitig zu werden
droht, oder dies bereits festgestellt
wird, dann ist Vorsicht geboten.
Und wenn diese Berichte in den
unterschiedlichen Medien dann
deutlich immer in dieselbe
Richtung tendieren, und alles
Regierungskritische unterschlagen
wird, dann ist sprichwörtlich
Gefahr im Verzug. Nachrichten, die
ausschließlich regierungsfreundlich
herüberkommen, sind in aller Regel
gekaufte abgesprochene
Berichterstattungen.

Diese dienen einzig dem Ziel, die
Wählerschaft politisch zu
beeinflussen und der Politik in
diesem Land eine neue Richtung zu
geben. Geschieht dies nicht mit

Abstimmung zwischen Regierung und Bürgern welche ihre Volksvertreter ja gewählt haben, dann führt der Weg hin zum Ende der Demokratie.

Wie beurteilt man eine Demokratie?

Diese Frage lässt sich nicht pauschal beantworten. Wir müssen es ganzheitlich betrachten und auf die vergangenen Jahre zurückblicken. Dabei sehen wir ob und in welcher Weise sich die Demokratie weiterentwickelt hat. Ein maßgeblicher Indikator für die Beurteilung sind einerseits das Gemeinwohl und wie dieses gehandhabt wird, aber auch die Tatsache wie das Land und seine Regierung mit den vermeintlich schwächsten Mitbürgern umgeht.

Hier können sehr gute Anhaltspunkte gesammelt werden. So wie es momentan in der

Bundesrepublik Deutschland zugeht, darf es nicht bleiben.

Es besteht mittlerweile der begründete Verdacht dass die aktuelle Pandemie wegen Corona, dazu benutzt wird, die noch verbliebenen Reste des Rechtsstaates dazu zu benutzen, diesen komplett auszuhöhlen. Der komplette Zerfall der Demokratie steht auf dem Spiel. Es ist auch nicht davon auszugehen, dass die Märkte sich nach der überstandenen Krise positiv verändern werden. Es ist eher so, dass der altgediente Lobbyismus das Heft wieder fest in die Hand nimmt, um sein zerstörerisches Werk fortzuführen.

Eine nachhaltige Veränderung
dahin dass die Menschen weiterhin
so miteinander umgehen, wie dies
während dieser Krise der Fall ist,
dürfen wir leider nicht erwarten.
Aber wenn so weitergemacht wird
wie bisher, erleidet die Demokratie
nachhaltig großen Schaden.

Sind Politiker lernfähig?

Betrachten wir hierbei die letzten Jahre etwas genauer und wieder differenziert, dann würden wir eine solche Frage immer mit nein beantworten. Aber in Zeiten wie dieser aktuellen Krise gelten andere Maßstäbe. Und die Menschen unseres Landes erwarten gerade in solchen Zeiten professionelles Handeln einer Regierung. Leider ist dem wohl wieder nichts so. Gerade in dieser aktuellen Lage tritt die Unfähigkeit einzelner Politiker offen zutage. Wie wir dies aus der Vergangenheit kennen klappte immer alles sehr gut, solange es sich um das Geld ausgeben handelte.

Wofür und in welchem Umfang war nie wirklich wichtig. In der aktuellen Krise sieht man diesbezüglich keinen Unterschied. Es werden Milliarden von Euro für Hilfszahlungen und Kredite in die Wirtschaft gepumpt. Die Banken machen bei der Vergabe der Gelder Schwierigkeiten wie immer, und die kleinen Arbeitnehmer der Branchen, die das System am Laufen halten, werden mit kleinem Beifall aus der Politik abgespeist. Wirkliche Hilfe für die schon immer unterbezahlten und überforderten Arbeitnehmer der Pflege und Krankenhausdienste ist das aber nicht.

Und wieder einmal zeigt sich, dass Politiker nicht den blassesten Schimmer davon haben was die

Menschen im Land in welcher Situation auch immer wirklich als allererstes Brauchen. Sie lernen einfach nichts dazu und sind immer überfordert. Ob das am allgemeinen Bildungsniveau unserer Politiker liegt, darf nicht behauptet werden. Aber in anderen Berufen um als Beispiel Lehrer zu nennen, sind Weiterbildungen heute ein notwendiges Mittel. Aber bei wem sollen sich Politiker hierzulande weiterbilden? Vielleicht bei ihren Lobbyvertretern?

Eurobonds und die Gefahr für die Demokratie.

Den Begriff dieser Eurobonds kennen wir ja aus geplanten gemeinsamen Schulden der EU-Länder. Dieser Vorschlag für gemeinsame Schuldenübernahme aller Länder der Europäischen Union kreist als Gespenst schon einige Jahre. Und der Vorschlag kam immer von denselben Ländern. Es sind dies in der ersten Linie Italien, Spanien und Frankreich. Betrachten wir den Auslöser hierfür genauer, dann kommen wir immer zu demselben Ergebnis.

Diese Länder können einfach nicht mit Geld umgehen. Es ist immer dasselbe. Hohe Schuldenrate und

die fehlende Fähigkeit, zur rechten
Zeit zu sparen. Und die
Bundesrepublik Deutschland wird
immer angebettelt dieser
Einführung gemeinsamer
Schuldenübernahme zuzustimmen.
Das Problem liegt hierbei aber
wesentlich tiefer. Würden wir dem
zustimmen, besteht die berechtigte
Gefahr, dass der deutsche
Steuerzahler auch in Zukunft für
die Schulden fremder Länder
aufkommen müsste. Auch
deswegen, weil unser Land schon
sehr oft in den vergangenen
Jahrzehnten Bürgschaften gegeben,
und Schuldenerlasse praktiziert
hat. Und der Bürger hierzulande
hat davon die Schnauze voll.

Gibt unser Land also bereitwillig
Steuergelder für die Schulden

anderer Länder aus, besteht die
Gefahr einer weiteren Schädigung
oder sogar der Zusammenbruch
unserer Demokratie. Und ob dies
unseren Politiker wirklich
einleuchtet ist eher zweifelhaft.
Dass diese Eurobonds nun seitens
unserer Regierung tatsächlich
abgelehnt wurden und die damit
verbundene Fremdhaftung unseres
Staates nicht zustande kam, ist
gut.

Das haben wir jedenfalls gedacht.
Nur kommt Europas größter Bettler
unter den Staatsoberhäuptern
zusammen mit Frau Merkel durch
die Hintertür. Eurobonds unter
neuem Namen und damit die
gemeinsame Haftung aller
Eurostaaten für Zuschüsse die nur
einige der Länder bekommen sollen.

Dies würde eine zusätzliche Belastung durch neue Schulden für unseren Staatshaushalt und jeden Steuerzahler bedeuten. Und ein solcher Vorschlag wird schnell medienwirksam veröffentlicht. Und das ohne vorher im eigenen Land gefragt zu haben. Dass Frankreich chronisch unter Geldmangel leidet, ist altbekannt. Daher ist Herr Macron als französischer Staatspräsident für alles zu haben, das die Bundesrepublik Deutschland zu großen Teilen finanziert, und ihm Geld bringt. Solche Aktionen durch die Hintertür belegen, dass Frau Merkel nicht mehr realisiert, was Demokratie überhaupt ist. Eigenmächtiges Handeln am eigenen Volk vorbei, und das immer wieder beweist das eindeutig.

die grüne Macht?

Oder welchen Titel geben wir Ihnen. In den vergangenen Monaten war die Partei die Grünen in aller Munde. Das Thema globale Erwärmung und Klimapolitik war ihr Ding. Sie hatten diesbezüglich zu allem und jedem etwas zu sagen. Ob das vertretbar war oder man dies umsetzen konnte, hatte jedoch keine Bedeutung. Wir warteten alle auf Problemlösungen zu dem Sie rundum beschäftigenden Thema. Und wir warten heute noch darauf.

Wir haben als einzige Vorschläge für Steuererhöhungen, oder sonstige zusätzliche Abgabenlast seitens der Grünen zu hören bekommen. Und nun wo wir alle in

einer echten Krise stecken, warten
wir auch jetzt auf konstruktive
Lösungsansätze der grünen
Fraktion. Aber was ist? Sehr ruhig
ist es geworden. Es scheint so, dass
der Mangel an Qualifikation bei
Parteimitgliedern auch nichts
Konstruktives an
Lösungsvorschlägen gerade in
Krisenzeiten hervorbringen kann.
Es zeigt sich also auch hier, wie
sich die Spreu vom vermeintlichen
Weizen trennt. In Zeiten wo das
Leistungspotential aller politischen
Parteien eher niedrig zu bewerten
ist, zeigen sich in gerade
schwierigen Zeiten auch Parteien
die überhaupt nichts draufhaben.

Weil gerade seit Beginn der Corona
Krise haben wir von den Grünen
nichts mehr gehört. Es hat den

Anschein Sie seien in der Versenkung verschwunden. Aber so ist es nun einmal. Man möchte überall mitreden, hat aber in Wirklichkeit nichts zu sagen.

Krisenmanagement und das Volk.

Gerade bei der Bewältigung von Krisen zeigen sich Stärken und Schwächen in der Politik ganz deutlich. In der aktuellen Corona Krise gibt es sehr große Anstrengungen seitens der Politik um Unternehmen auf vielfältige Weise zu unterstützen. Und das auf breiter Ebene. Nur wie sieht das mit den Menschen aus, die unsere Wirtschaft am Laufen halten? Gemeint sind damit alle Arbeitnehmer in medizinischen Berufen und diejenigen, die an vorderster Front dafür sorgen, dass wir jeden Tag genug zu essen haben.

Bei der Pflege und in den Kranken-
häusern stehen die Menschen an
vorderster Front und sind extremen
Risiken ausgesetzt. Da leisten Sie
bei geringer Bezahlung in normalen
Zeiten schon beinahe
Unmenschliches. Seit Jahrzehnten
sind Sie aufgrund falscher Politik
unterbezahlt und körperlichen
Höchstbelastungen ausgesetzt.
Ähnliches gilt für die Menschen im
Lebensmittelhandel mit täglich
hohem Kundenkontakt und damit
erhöhtem Risiko in dieser schweren
Zeit.

Unsere Damen und Herren
vermeintlicher Politprofis haben
hierfür ein kleines Klatschen im
Bundestag übrig. Dazu gesellen
sich dann noch ein paar
Absichtserklärungen für höhere

Löhne in diesen chronisch
unterbezahlten Berufen.

Ob das dann auch langfristig
umgesetzt wird, oder nur ein Mittel
der Krisenbewältigung ist, muss
sich erst herausstellen.

Weltwirtschaftskrise Staatsverschuldung und Liquidität.

Viele Fachleute unterschiedlicher Nationen sehen uns am Beginn einer noch nie da gewesenen Weltwirtschaftskrise. Laut ihren Aussagen kommen massive Veränderungen auf uns alle zu. Unsere Politiker sehen diese Gefahr offensichtlich nicht. Sie glauben wohl, dass mit genügend Geld alles zu regeln sei. Der Irrglaube dass immerfort andauerndes Wirtschaftswachstum das Maß aller Dinge ist, bleibt in den Köpfen dieser verbohrten Politstrategen fest verankert.

Gerade jetzt aber diskutiert die EU über gemeinsame Schulden. Über die Haftung bei der Rückzahlung machen sich die Politiker jedoch nur nebenher ein paar Gedanken. Dass bei zu erwartenden Zahlungsschwierigkeiten der Länder, die dies so eindringlich fordern, wir dann haften, sagt dem Wähler und Steuerzahler hier niemand. Es handelt sich hierbei ja um keinen Einzelfall. Der Steuerzahler der Bundesrepublik musste global schon viel zu oft haften. Und da kommt wieder die Demokratie ins Spiel. Wie stabil ist Sie, wenn immer über die Köpfe der Steuerzahler hinweg entschieden wird.

Bei erneuter Haftung der eigenen Staatskasse treiben wir erneut die

Verschuldung nach oben. Wir kennen das zwar aus vergangenen Jahrzehnten, aber darf das so weitergehen? Nehmen wir einmal an, dass unsere Wirtschaft nicht wieder so auf die Beine kommt, wie dies vor einer solchen Krise war, oder wie wir es gewohnt waren. Bei einem auch nur geringen Einbruch unserer Wirtschaft mit geringeren Steuereinnahmen, und höherer Arbeitslosigkeit wird es eng. Die eigenen staatlichen Verbindlichkeiten wurden bis ins Unerträgliche gesteigert und der Wirtschaftsmotor ist gedrosselt. Was folgt also?

Die Inflation steigt stetig, was die Wirtschaft weiter schwächt. Die Liquidität und Kreditwürdigkeit des Staates sinkt. Das erhöht unsere

Verbindlichkeiten zusätzlich, da wir
für Kredite erhöhte Zinsen bezahlen
müssen. An dieser Stelle möchten
wir Steuerzahler dann gerne fragen,
welche Volkswirtschaft denn nun
für uns bürgt. Die Staaten der
Corona Bonds Befürworter sicher
nicht. Aus rein demokratischer
Sicht ist es nicht richtig, den
eigenen Steuerzahler für Schulden
fremder Länder haften zu lassen,
wenn diese ihre Schulden nicht
mehr begleichen können.

Dieses Gedankenspiel durchlaufen
unsere Politiker allerdings nicht.
Ihre eigenen Ansichten sind das
Maß aller Dinge. Andere Meinungen
lassen Sie nicht mehr gelten. Das
ist auch einer der Unterschiede auf
demokratischer Ebene zu Politikern
früherer Jahrzehnte.

Das Hamsterrad und seine Folgen

Die Politik hat es in den letzten beiden Jahrzehnte geschafft, die Menschen im Land in ein Hamsterrad einzufügen. Dies geschah mit Hilfe der Medien durch gezielte Meinungsmache. Unter dem Vorwand, alles nur Erdenkliche für uns zu tun wurden zwar offiziell keine Bürgerrechte aberkannt, aber gesetzliche Änderungen hierfür eingebaut. Alleine das Gesetz durch welche sich die Regierung bei unseren Einschränkungen bezüglich Corona beruft, ist schon sehr fragwürdig.

Es ist für die Bürger nicht nachvollziehbar, dass es überhaupt ein solches Gesetz gibt, das dem

Staat solche Einschränkungen
gegenüber der Bevölkerung erlaubt.
Auch die Meinungsmache ist mehr
als eigenartig und unverständlich.
Ein Ministerpräsident in Baden
Württemberg äußert sich schon
dahingehend, dass nach dieser
Krise viele Menschen ärmer sein
werden als jetzt. Auf welche
Voraussicht stützt sich diese
Weisheit? Weiß er mehr als wir und
hat Kenntnis von Dingen, die wir
uns in unseren schlimmsten
Alpträumen nicht vorstellen
können? Und man kommt sich vor
wie im Wahlkampfmodus für im
kommenden Jahr stattfindende
Wahlen.

Wir hören von Umfragen und
positiven Ergebnissen pro der
aktuellen Regierung. Auch die

Kanzlerfrage hat sich scheinbar
schon parteiintern geklärt. Dies
sagt zwar noch nichts darüber aus,
wer denn der Kanzler werden soll,
aber die Partei, die dieses Amt
bisher innehatte, beansprucht das
Amt auch weiterhin für sich. Einen
Zweifel, dass andere Mehrheiten
nach der nächstjährigen Wahl
herrschen könnten, kommt ihr
überhaupt nicht in den Sinn.

Und genau so verhält sich die
aktuelle Regierung auch. Bisher
nannte man ihre Politik in
Zusammenarbeit mit den Medien
das Erziehen von treuen Schafen
die kritik und widerspruchslos alles
hinnehmen, und treudoof alles mit
sich machen lassen. Da dieser
Prozess augenscheinlich komplett
abgeschlossen ist, fallen die

Menschen als Gewohnheitstiere in ihr altes Muster zurück, so lange, dem nichts entgegensteht. Und dieses Muster ist bestens vergleichbar mit einem Hamsterrad. Die Menschen werden also nach der bestehenden Krise nicht automatisch an den positiven Veränderungen festhalten. Diese kamen ja mehr oder minder unter Zwang zustande, weil wir global alle davon betroffen sind, solange die Krise andauert. Es ist also eine vorübergehende Erscheinung, die beinahe gleichzeitig mit dieser Krise endet.

Bei manchen Menschen mag nachhaltig auch eine Veränderung eintreten, was ihr handeln für die Zukunft betrifft. Aber alle andern fallen wieder in ihr gewohntes

Hamsterrad zurück und strampeln weiter wie bisher. Und da dies unseren Politikern bewusst ist, werden die so weitermachen wie wir es gewohnt sind. Und genau daraus resultieren die Folgen.

Der Eintritt in die Diktatur.

Dass wir seit Jahren in immer schwieriger werdenden Zeiten leben, hat mittlerweile selbst der Dümmste im Land erkannt. Die Regierung hierzulande glänzt ja nicht gerade durch Leistung. Beschneidung von Persönlichkeitsrechten auch und gerade in dieser Pandemie ist ja zum Alltag geworden. In wieweit diese zurückgenommen werden, sei momentan dahingestellt. Aber die andauernde Diskussion über die weitere Beschneidung von Arbeitnehmerrechten, die hart erarbeitet wurden, darunter Lockerung des Kündigungsschutzes sind dennoch erwähnenswert.

Auch die andauernde Diskussion über eine Bargeldabschaffung sorgt nicht gerade für Vertrauen. Diese sind unter anderem Diskussionen, die von Brüssel aus dem EU-Parlament angeheizt werden. Eine Abschaffung von Bargeld wäre mehr als fatal. Solche Vorhaben genau wie die Erteilung weiterer Machtbefugnisse für Brüssel schmälern unsere Demokratie. Oder sagen wir gleich, der Abbau der Demokratie wird dadurch beschleunigt. Im Detail erkläre ich das im folgenden Kapitel. Und was ist mit Steuererhöhungen. Laut der Aussage unserer Bundeskanzlerin wird es keine Steuererhöhungen zur Finanzierung der momentanen Lage geben. Die Gestik und Körpersprache von Frau Merkel sagt hierbei aber etwas ganz anderes. Solche Aussagen haben wir seitens unserer Politiker schon öfters gehört, und jedes Mal kamen die davor verneinten höheren Steuern dann doch.

Es ist davon auszugehen, dass es diesmal wieder so sein wird. Zum momentanen Zeitpunkt steht wohl nur noch nicht fest, wie sich die Mehrbelastung für die Bürger zusammensetzt. Und daher wurden Erhöhungen momentan ausgeschlossen, aber kommen werden diese sicher.

Unabhängig oder fremdbestimmt.

Grundpfeiler einer Demokratie sind unter anderem Unabhängigkeit Selbstbestimmung. Unabhängig in diesem Fall von Entscheidungen anderer Staaten und Selbstbestimmung dahingehend dass wir unsere Geschicke selbst in der Hand haben. Solange dies der Fall ist, gelten sogenannte nationalstaatliche Interessen des eigenen Landes. Einschränkungen gibt es also nur in einem Umfang, den wir uns selbst auferlegen. Bei der Europäischen Union (EU) ist dem mittlerweile nicht mehr so. Die der EU im Laufe von Jahrzehnten immer weiter zugestandenen Machbefugnisse sind hierfür der Grund. Die EU bestimmt in großen

Teilen unser Leben und sagt in weiten Teilen, was unser Staat tun muss oder zu lassen hat. Das Hauptproblem hierbei sind gesetzgebende Befugnisse die an die EU und das dortige Parlament übertragen und immer wieder erweitert wurden. Diese Befugnisse schränken uns in unserer Eigenständigkeit ein und beeinflussen die Demokratie nachhaltig negativ. Je größer der Einfluss aus Brüssel ist, umso enger wird es für uns. Geplant ist der Übergang von nationalstaatlichem eigenständigen Handeln in eine gemeinschaftlich agierende föderale Vereinigung eines Staates Europa.

Föderal heißt in diesem Zusammenhang gerade bei

gesetzgebenden Befugnissen, dass
die Entscheidungsgewalt immer
öfter bei der EU in Brüssel liegt. Auf
der anderen Seite bedeutet dies die
Aufgabe jeglicher Unabhängigkeit
und freien Handelns. Und das heißt
direkter Abbau der Demokratie.
Weil Demokratie heißt ja, auch
Entscheidungen im Sinne und zum
Wohle einer Mehrheit von
Menschen zu treffen. Die Mehrheit
der Menschen in einem föderalen
Europa wird diesbezüglich aber
nicht gefragt. Einige wenige
sesselfurzende Bürokraten
entscheiden über das Wohl und
Wehe der Bewohner des Kontinents
Europa.

Mit Demokratie hat es in dieser
praktizierten Form nichts mehr zu
tun.

Aktuelle Kamera versus öffentlich rechtliche Medien.

Es ist ja normalerweise schwierig, einen solchen Vergleich zu machen. Schließlich war die Aktuelle Kamera das Sprachrohr des kommunistischen Regimes der DDR und dazu verdonnert so berichten zu müssen. Besonders dann, wenn es um den damaligen Klassenfeind aus dem vermeintlichen Westen ging. Da war das Lob auf die Sozialistische Klassengesellschaft ein absolutes Muss.

Wie aber sieht es mit der aktuellen Medienberichterstattung heutzutage aus? Schließlich leben wir in einem freien Rechtsstaat und Dinge wie freie Meinungsäußerung werden hoch gehandelt und gelten als wertvolles Gut. Nur betrachten wir die Medien hierzulande genauer, ist freie Presse mittlerweile ein sehr dehnbarer Begriff. Die politischen Verhältnisse haben zu einer detaillierten Anpassung der Berichterstattung geführt. Und die Ursache liegt hierfür recht tief. In den letzten Jahren hat sich Egoismus, Machterhalt und Plünderei der Staatskasse zu Lasten der Steuerzahler in den Vordergrund gedrängt. Unterschiede bei Parteien in ihrer Ausrichtung und ihrem aktuellen Parteiprogramm gibt es nicht mehr. Inhaltlich gibt es nichts, was Glaubwürdigkeit und Vertrauen schaffen könnte. Da sich aber alle Parteien bereits im Wahlkampfmodus befinden und dieser auch während einer Pandemie wie bei Corona nicht unterbrochen werden kann, gelten andere Gesetze. Die ehemaligen Hofberichterstatter, heute sogenannte Staatsmedien tun ihr Bestes. Da es keinerlei relevante Inhalte in der Politik gibt, fährt man eine neue Schiene der Berichterstattung. Durch ständige Wiederholungen nicht relevanter Inhalte und Positionierung der Politikprominenz in den Medien, versucht man Politiker, so darzustellen, dass Sie unbedingt wieder gewählt werden müssen, weil es keine Alternativen gibt.

Und diese Alternativen gibt es im positiven Sinne wirklich nicht. Sie sind alle gleich schlecht und inkompetent. Diese Art der

Berichterstattung ist aber keines-
falls sachlich und glaubwürdig. Sie
läuft viel eher auf eine
Beeinflussung von Wählern hinaus,
eine bestimmte Politik zu
unterstützen. Und diese ist nicht
der Wille einer Mehrheit der
Wähler. Und es ist eine demokratie-
feindliche Berichterstattung.
Genauer ausgedrückt fügt dies der
Demokratie weiteren Schaden zu.
Die Entwicklung hin zu einem
demokratiefeindlichen Staatsgefüge
wird so immer deutlicher sichtbar.
Das alles zielt genauer gesagt
darauf ab, den eingeschlagenen
politischen Kurs, ohne
Kompromisse weiter zu verfolgen.
Und das verheißt nichts Gutes.

 Neoliberalismus und Politik rein im
Sinne der Wirtschaftsbosse und des

Kapitals zulasten des Steuerzahlers
sollen fortgeführt und sogar noch
intensiviert werden. Eine freiwillige
Abkehr hin zu den wahren
Bedürfnissen der Wähler und
Steuerzahler wird es nicht geben.

Der ausschlaggebende Gradmesser

Neben vielen einzelnen Faktoren für die Beurteilung einer Demokratie ist vor allen Dingen eines wichtig. Wie geht der Staat mit seinen vermeintlich schwächsten Menschen um? Gemeint sind damit diejenigen, die ihr ganzes Leben gering bezahlte Arbeit verrichten mussten und daher einen sehr geringen Rentenanspruch haben. Wie mit diesen Menschen umgegangen wird, erkennt man am Sozialsystem des jeweiligen Landes.

Sind die Mittel, welche in eine Rentenkasse eingezahlt werden hierfür zweckgebunden, dann sind in der Regel auch die Renten auf

einem stabilen Niveau und der
Anteil derer, die man als arm
bezeichnen würde, relativ gering. In
der Bundesrepublik Deutschland
läuft das anders. Aber dies erklären
wir im folgenden Kapitel etwas
Genauer.

Da dies aber eine weitere Form der
Ungleichbehandlung nach sich
zieht, hat es auch Auswirkungen
auf die Demokratie.

Umverteilung statt Zweckgebundenheit

Es gibt bei uns in der Bundesrepublik keinerlei zweckgebundenen Mittel und das ganze System basiert auf Umschichtung. Dies bedeutet, dass unkalkuliert Geld an einer Stelle abgezweigt wird, und an anderer Stelle verteilt wird. Kein einziger Haushaltsplan eines beliebigen Kalenderjahres wird so durchgeführt wie ursprünglich geplant. Daher ist es schon seit einigen Legislaturperioden so, dass in unterschiedlichen Bereichen chronischer Mangel herrscht, weil an anderer Stelle das Geld sinnlos verpulvert wurde. Besonders leiden darunter die Bereiche Bildung und auch der Bereich Verkehr. Es ist so, dass an Bildung immer gespart wird, und im Verkehrswesen ein Instandhaltungsrückstau bei Brücken von einigen Jahrzehnten herrscht. Und das hat zur Folge dass immer finanzielle Löcher aufgerissen werden müssen damit alte geschlossen werden können. Dieses nicht durchdachte instabile System sorgt immer wieder für Unmut bei der Bevölkerung. Da die Finanzmittel dennoch nie ausreichen, weil auch die sogenannte Finanzplanung des Staates mangelhaft ist, braucht der Staat andere Quellen, die er anzapfen kann. Das ist als letztes Mittel immer die Rentenkasse. Dort wird regelmässig Geld entnommen, und für andere Zwecke, die nichts mit der Rente zu tun haben,

ausgegeben. Das nennt man dann
versicherungsfremde Leistungen.

Durch die immer älter werdende
Gesellschaft herrscht daher immer
Geldmangel in der Rentenkasse.
Welche Auswirkungen dies im
Detail hat, steht in einem der
vorigen Kapitel über das
Rentenalter. Mit Demokratieverständnis und Gleichbehandlung
hat das Handeln unserer Politiker
jedenfalls nichts zu tun. Den
Menschen im Land wird keinerlei
Respekt mehr entgegengebracht.
Die Menschen werden ausgebeutet
und die Staatskasse laufend
geplündert. So definiert man heute
was Politiker in der Bundesrepublik
tun. Das ist im schlechtesten Sinne
nicht einmal mehr Raubbau an der
Demokratie. Es ist die

augenscheinlich vorsätzliche
Zerstörung einer bisher stabilen
Demokratie unter dem Aspekt des
persönlichen Vorteils. Das klingt
sicher hart aber ist die reine
Wahrheit.

Für dumm verkaufen leicht gemacht.

Dass wir momentan für die Demokratie schwierigen Zeiten bewegen ist den meisten Menschen bewusst. Und in Krisen sind Politiker wohl der Meinung, dass es wohl einfacher ist, die Menschen an der Nase herumzuführen. Gerade in der aktuellen Corona Krise tauchen immer mehr vermeintliche Fachleute auf die uns erzählen möchten, was denn nun gerade richtig ist und was getan werden muss. Wenn es dann noch Spezialisten sind die mit Epedemien als Fachgebiet nichts zu tun haben, dann sollten wir misstrauisch werden. Vielleicht sind es die Bürger sogar. Aber wenn dem so ist, dann zeigen Sie dies nicht. Wir gewinnen eher den Eindruck, dass wir von allen Seiten angelogen werden. Und die Presse spielt da fleißig mit. Hauptsache ist dort, dass die Auflage steigt oder die Einschaltquoten alles Bisherige übertreffen. Inhaltliche Berichterstattung ist nicht nur Mangelware, sondern auch Nebensache. Von wem wir letztendlich belogen werden ist aufgrund der Berichterstattung für die Menschen im Land nicht mehr nachvollziehbar. Und Aussagen eines Ministers dass wir eine unabhängige Presse brauchen, sind geradezu haarsträubend.

Mit unabhängiger Berichterstattung darf aus Sicht der Bürger jederzeit begonnen werden. Aber danach suchen wir lange und vergebens. Presse und Politik ziehen an einem Strang, wenn es um die eigenen Interessen geht. Regierungskritische Berichterstattung wird entweder boykottiert oder einfach totgeschwiegen. Und das ist geradezu demokratiefeindlich. Aber diese Art von Wahnsinn hat mittlerweile Methode und ist bis ins kleinste Detail durchorganisiert. Dabei ist es auch mehr als seltsam, dass der Bürger dies zwar längst begriffen hat, aber sich dennoch immer wieder durch die Hintertür kaufen lässt. Die Menschen im Land lassen alles widerspruchslos über sich ergehen als ob Fehlinformationen in Radio und Fernsehen das normalste auf der Welt wären.

Monarchie oder Diktatur?

Um diese Frage beantworten zu können, müssen wir die deutsche Regierungspolitik ein paar Jahre zurückverfolgen. Pauschale Antworten hierfür gibt es nicht. Wir müssen das differenziert betrachten und beurteilen, auch wenn der Begriff Demokratieverständnis seitens unserer Bundeskanzlerin in der letzten Zeit häufiger gefallen ist. Daher fragen wir uns zuerst,…was ist Demokratieverständnis? Dies kann man nur rein subjektiv beantworten denn das, was wir alle unter Demokratie verstehen, ist bei uns allen höchst unterschiedlich.

Daher ist die Betrachtungsweise unserer Bundeskanzlerin immer

eine andere wie bei jedem anderen
Menschen hier im Land. Eine
allgemeingültige Aussage, die für
uns alle zutrifft, gibt es demnach
nicht. Genauso ist es mit
Wahlergebnissen. So lange
Ergebnisse in demokratischen
Wahlen zustande kommen, hat es
niemanden zu interessieren, warum
eine Wahl so verlaufen ist. Und
warum das Ergebnis nicht ein
anderes war auch nicht. Jede Wahl,
gleichgültig ob uns deren Ergebnis
gefällt oder nicht, hat ihre
Gültigkeit, so lange sie nach
gesetzlichen Vorgaben durchgeführt
wurde.

Wenn aber politisch hochrangige
Persönlichkeiten wie unsere
Bundeskanzlerin Angela Merkel
gewissermaßen ein Veto einlegen

wenn ihnen ein Wahlergebnis nicht passt, dann wirft es einen großen Schatten auf eine Demokratie und das Verständnis dafür. Und wenn ein solches Veto dann zu Neuwahlen führt und rechtlich gültige Wahlergebnisse für ungültig erklärt werden, stellen wir uns berechtigt die folgende Frage. Sind wir in einer Monarchie und alle folgen den Ausführungen unserer Kanzlerin widerspruchslos wie das Gefolge bei Hofe in einer Monarchie? Oder hat dies bereits Züge einer Diktatur an sich, wo alle den ultimativen Herrschern bedingungslos Folge leisten und gehorchen.

Betrachtet man diese Gefolgschaft, hierzulande aus den Ministerpräsidenten der Länder

genauer, so ist dieser Verdacht
nicht von der Hand zu weisen.
Dieser Verdacht kommt auch bei
ihren Äußerungen die Corona Krise
betreffend auf. Sehr deutlich wird
dies in der Pressekonferenz vom 6.
Mai 2020 über dieses Thema.
Seitens der Presse gestellte Fragen
bezüglich der Fußballprofis und
ihren Ligaspielen wurden von Frau
Merkel einfach nicht beantwortet.
Und diese Antworten waren nötig.
Schließlich hat das Land in der
momentanen Krise, wichtigere
Schwierigkeiten zu bewältigen, wie
das Fußballspiele und die
Einkommen von Millionären dieser
Sportart sind.

 Aber nicht darauf einzugehen und
die Wünsche von kapitalkräftigen
Organisatoren durchzuwinken,

zeigt einmal mehr, dass Kommerz vor dem Wohl der Allgemeinheit kommt. Und die Damen und Herren Ministerpräsidenten nicken zustimmend. Lobbyismus und Kapitalinteressen beherrschen auch die Krisenzeiten.

Weimarer Zustände oder

Wie man in Gesprächen mit Menschen auf der Straße immer öfter hört, sind diese sehr besorgt. In der Vergangenheit zeigten die damalige Weimarer Republik oder die Wirtschaftskrise nach dem verlorenen Ersten Weltkrieg sich immer wiederholende Szenarien. Die Menschen hungerten und hatten kaum Arbeit wie in den 1920 er Jahren.

Oder das bestehende System im Land war eben am Ende. Bei solchen Gelegenheiten werden die Menschen empfänglich für Dinge oder Personen, die Ihnen sonst nie in den Sinn kämen. Diese Empfänglichkeit hat den Nazis unter Hitler damals den Weg geebnet. Und in der heutigen Zeit sieht es mittlerweile leider ähnlich aus. Aus einer Politikverdrossenheit der vergangenen Jahre ist eine Spaltung der Gesellschaft geworden. Um die eigenen Fehler nicht eingestehen zu müssen, sucht die Politik laufend nach Lösungen, die jedoch ihre Ziele verfehlen. Aktuell sind es geplante, bereits zuvor erwähnte gemeinsame Schulden innerhalb der Europäischen Union, die noch wenige Wochen zuvor absolut abgelehnt wurden. Das Kind der Investitionen über Kredite bekommt nur einen neuen Namen und damit glaubt man, funktioniert es dann.

Mit Demokratieverständnis oder vertrauenserweckenden

Maßnahmen dem Wähler
gegenüber hat das nichts zu tun.
Es führt eher dazu, dass eine
Spaltung noch beschleunigt wird.
In den Zeiten wie in Weimar und
nach dem ersten großen Krieg
haben die Fehler der Politik auch
den Weg in neue Zeiten geebnet.
Und die Gefahr dass dies wieder
geschehen kann, war noch nie so
groß wie in der aktuellen Zeit. Und
die Rückkehr der braunen Gefahr
wie der Autor das nennt, war noch
nie so nahe, falls sich die aktuelle
Politik nicht grundlegend ändert.

Was muss anders werden

Es muss sich sehr vieles ändern.
Wenn wir unsere gewohnten
Freiheiten und Rechte nicht aufs
Spiel setzen wollen, wird sich das
komplette Wirtschaftssystem
ändern müssen. Unter den
momentanen Gegebenheiten hat
der Neoliberalismus keine Zukunft
mehr. Unsere Demokratie steht
derzeit auf sehr wackeligen Füßen,
und ist ein kostbares Gut, das wir
zu verlieren drohen.

Die Politik muss so ausgerichtet
werden, dass die Mehrheit der
Menschen im Vordergrund steht.
Die Bürgerinnen und Bürger dürfen
nicht länger als Wahlmittel und
Steuerlieferant missbraucht

werden. Der soziale Aspekt und der
Sinn für das Gemeinwohl sind in
unserem Land komplett abhanden-
gekommen. Die Regierung muss
wieder lernen, dass das Wir wieder
Einzug hält. Auf diese Weise ist es
langfristig auch wieder möglich
Glaubwürdigkeit und Vertrauen zu
schaffen. Aus Glaubwürdigkeit wird
danach Vertrauen. Diese beiden
Dinge sind sehr kostbar und ein
zerbrechliches Gut das gepflegt
werden muss wie eine empfindliche
Pflanze. Unachtsamkeit und
politisches Handeln gegen den
Bürger zerstören das Pflänzchen
und die Demokratie. Die
momentanen Zustände im Land
und die neuesten politischen
Geschehnisse sind alarmierend.
Gemeinsame Schulden die noch vor
einigen Wochen, strikt abgelehnt

wurden, sollen nun unter neuem Namen innerhalb der Europäischen Union doch eingeführt werden. Ein weiterer Meilenstein zur Steigerung der Steuer und Abgabenlast für unsere Menschen im Land. Zu den versteckten Steuererhöhungen zählt auch der neue Bußgeldkatalog aus dem Verkehrsministerium, welcher darauf abzielt die Autofahrer zusätzlich abzuzocken. An solchen Beispielen wird deutlich sichtbar, dass die Politik nur noch in Lügen verstrickt ist, und immer genau das Gegenteil, dessen tut, was Sie dem Bürger kurz zuvor mitgeteilt hat.

Es ist in der momentanen Situation der Corona Pandemie auch damit zu rechnen, dass weitere Schritte seitens der Politik folgen. Dazu

gehört unter anderem die
Anhebung des Beitragssatzes für
die Krankenkassen. Diesen Sprung
von damals 12 % auf derzeit 15 %
hatten wir schon einmal. Und es ist
davon auszugehen, dass es eine
weitere Erhöhung in demselben
Ausmaß geben wird oder kann. Das
alles sind kleine Schritte, um
unsere Abgabenlast stetig zu
erhöhen. Sinnvoller wäre es, das
ganze System zu überarbeiten.

Aber hierfür wäre Fachleute
notwendig. Diese sind in der
Regierung nicht vorhanden, was die
stetigen Ausgaben für beauftragte
externe Berater bewiesen haben.

Es zeigt sich also an allen Enden,
dass es tiefgreifender Veränderungen bedarf, um die aktuelle

Schieflage unserer Demokratie
wieder ins richtige Lot zu bringen.

Dies ist aber nichts, was von heute
auf morgen möglich wäre. Viele
Bausteine benötigen für ihre
konsequente Umsetzung
gesetzgebende Veränderungen. Ein
Gesetz, das Staatsausgaben für
diese externen Berater begrenzt
oder unterbindet, wäre ein
geeignetes Mittel.

Über den Autor.

Der Autor wurde 1958 in Freiburg geboren und lebt seitdem im badischen Ländle. Er ist seit 1981 verheiratet und hat zwei erwachsene Kinder.

Neben diesem Buch schrieb er auch die Biografie:
Gewitter im Gehirn – Mein Leben mit Epilepsie.
Weitere Bücher sind
Tagwerk eines Narzissten und
Diktatur des Kapitals.

Unter dem Pseudonym Hermann Josef sind weitere Bücher erschienen.

Schlusswort.

Momentan ist nicht absehbar, wohin sich unsere Demokratie hinbewegt. Es gilt jedoch als sicher dass alles davon abhängt wie die Politik der Zukunft in unserem Land gestaltet wird. Eine Ausrichtung rein auf die Bedürfnisse der Wirtschaft und großen Arbeitgeber ist jedoch grundlegend falsch. Es muss eine Politik wieder hin zum Gemeinwohl sein. Krankenhäuser dürfen nicht mehr gewinnorientierte Unternehmen sein, wie es momentan der Fall ist. Und Rentner müssen von ihrem hart erarbeiteten im Alter leben können. So lange Neoliberalismus, Leiharbeit, Niedriglöhne und Kapitalerträge für Unternehmen die

alleinige Rolle Spielen wie es derzeit
der Fall ist, geht es mit der
Demokratie immer weiter abwärts.
Wie lange es dann noch andauert
bis wahlpolitische Entscheidungen
mehrheitlich demokratiefeindlichen
Strömungen eine
Regierungsmehrheit verschaffen,
kann nicht mit Sicherheit gesagt
werden. Jedoch besteht heute mehr
als je zuvor die Gefahr, dass es mit
der Demokratie in unserem Land zu
Ende geht.

Impressum und Quellenangaben

Joachim Tritschler
Schwarzwaldstraße98 A
79189 Bad Krozingen

Die Grafik des Buchcovers stammt von der Webseite www.pixabay.de und steht für freie kommerzielle Nutzung ohne Bildnachweis zur Verfügung.

Books on Demand
22848 Norderstedt